www.tredition.de

AF287129

Anne Heesen

Erpicht aufs Gedicht?

Für zarte Gemüter – besser nicht!

Gereimte Ungereimtheiten,

Gedanken und freche Wortspielereien

www.tredition.de

© 2021 Anne Heesen

Verlag und Druck:
tredition GmbH, Halenreie 40-44, 22359 Hamburg

ISBN
Paperback: 978-3-347-33800-5
Hardcover: 978-3-347-33801-2
e-Book: 978-3-347-33802-9

Bisher bei tredition erschienen:

Greta Garbööchen und Oma Liesl –
zwei mit Herz und Verstand! Band 1
SprichwortGeschichten für Junge und ... Junggebliebene

Greta Garbööchen und Oma Liesl –
erleben aufregende Feste! Band 2
SprichwortGeschichten für Junge und ... Junggebliebene

Für Maria

Vorwort

Einer französischen Chansonsängerin wurde letztens anerkennend nachgesagt, dass sie zwar unverkennbar in der Art von Edith Piaf, George Brassens, Jacques Brel, etc. singen würde, dennoch aber ihren ganz eigenen „Stil" vertreten würde.

Zu dem vorliegenden Gedichtband hoffe ich von mir sagen zu können, dass ich zwar als 1960-er Jahrgang von den Meistern ihrer Zunft wie Wilhelm Busch, Erich Kästner, Eugen Roth und nicht zuletzt von Heinz Erhardt inspiriert wurde, ebenfalls aber meinen eigenen und ganz persönlichen Stil gefunden habe.

Hinzu kommen meine Erfahrungen als Vorleserin und Interpretin von klassischen Gedichten und Texten unterschiedlichster Art; eine Tätigkeit, die mir neben meinen anderen beruflichen Aktivitäten viel Freude bereitet und sehr inspirierend ist.

Einige Texte, insbesondere die in „*Tief gegrübelt*", sind entstanden in einer Zeit, die möglicherweise der eine oder die andere kennt: Wenn man nämlich auf dem Weg durchs Leben sich zurechtfinden muss und einem der eine oder andere Schicksalsschlag dabei „in die Quere" kommt!

Die Liedtexte aus der CD „*Menschlein*", mit Gesang und Gitarre, wurden professionell im Tonstudio aufgenommen und stammen allesamt aus dem Jahr 2006.

Je älter ich werde, umso gelassener reagiere ich heute in vielen Situationen. Andererseits werden meine Überlegungen, Ansichten und Texte auch provokativer. Die Antwort auf die für mich in der Vergangenheit hinderliche Frage, ob meine Gedanken dem Publikum denn auch behagen, überlasse ich heute gerne diesem selbst – für mich eine befreiende und eher kreativitätsfördernde Auswirkung des Älterwerdens!

So ist dieses sehr persönliche Büchlein entstanden. Wenn es Ihnen gefällt, sagen und empfehlen Sie es mit freundlichen Grüßen gerne weiter. Herzlichen Dank dafür vorab!

Falls die Texte Ihnen nicht zusagen, mögen Sie es mir bitte wohlwollend nachsehen. Auch dafür Dank!

In diesem Sinne,

Ihre
Anne Heesen

PS: Mit * gekennzeichnete Textstellen werden im „*Anhang*" erläutert.

INHALT

Heiter erdacht

Verfolgung

Ich radle auf dem Pfade
mit ´nem Velo vor mich hin,
und denk dabei gerade,
wie einsam ich doch bin.

Da plötzlich rast nah hinter mir,
wie ein wilder Stier,
ein Riesenhund,
Marke „Kunterbunt".

Ich tret die Pedale
wie verrückt.
Situation fatale –
der Hund wirkt entzückt.

Er geifert und lechzt,
mein Kreuz schwer ächzt.
Die Bestie wird schneller
und mein Herz ist im Keller.

Vergessen sind die Alltagssorgen,
ich denk jetzt nur: ‚Erlebst du das Morgen?‘
Wie gerne wär ich einsam jetzt,
nicht bedrängt und nicht gehetzt.

Doch kümmert's den Hund nicht,
was ich jetzt denke.
Er ist schon ganz dicht,
will an die Gelenke.

Ja, ist denn kein Herrchen hier weit und breit,
der seinen Freund vermisst und nach ihm schreit?
Doch – da! Wild gestikulierend an einem Pont,
verschwindet dieser langsam am Horizont.

Verzweifelt strample ich also weiter.
Das Tier hinter mir rast immer noch heiter
hinter mir her,
als ob nichts wär.

Die Hoffnung auf Hilfe, sie schwindet dahin.
Jetzt muss ich erkennen, *wie* einsam ich bin!
Aber der Mensch, so ist er, will überleben,
muss dem Schicksal eine Chance geben.

Drum erwacht in mir der Kampfesgeist.
„Nur wer wagt, gewinnt", so wie es heißt!
Ein Blick zurück in des Hundes Augen
sollen mir zeigen, ob sie 'was taugen.

Sie scheinen gut.
Ich fasse Mut.
Und bremse ab.
Der Hund geht im Trab.

Oh, Himmel hilf! Jetzt kommt´s drauf an.
Der Riese schleicht sich langsam an.

Zitternd und bebend –
noch weiß ich mich lebend –
stelle ich mich.
Das Tier wundert sich.

Er schnüffelt nur kurz –
dann bin ich ihm schnurz.
Aus ist das Spiel,
welches ihm so gefiel.

Der Kerl war gerissen.
Ich hätt´s wissen müssen!

Er wendet sich ab,
fällt wieder in Trab,
und ist verschwunden
in Sekunden.

Da steh ich nun auf wackligen Beinen.
Könnte lachen, möchte weinen!

Für nichts war der Schreck.
Das Problem ist weg.
Als wenn´s nie gegeben,
den Kampf ums Leben!

„Kleine Fische"

Einst sprach mit Stolz ein kleiner Fisch
zum großen Hai: „Jetzt stech ich dich!"

Da sprach der Hai:
„Mir einerlei!

Du kannst mich gar nicht stechen,
würdest an mir nur zerbrechen!

Vielleicht, ja, pikst du mich,
und ein kurzes Zucken gälte dem Stich.

Doch wer dann weiter schwimmt bin ich, der Hai!"
Schnappt sich den Fisch – und schon war´s vorbei.

Wer kann´s am besten?

Herr Wichtig und Frau Selbstlos,
Frau Richtig und Herr Jammerkloß
saßen im Wirtshaus „Zum Zopf"
und spielten – Doppelkopf.

„Trumpf!", schrie Herr Wichtig.
„Nicht wahr, liebe Frau Richtig?"
Sie nickte nur hold,
so war´s ja gewollt!

„Ach, was für ein Pech, warum immer nur ich!"
„Hör zu Schatz: Ich schenk´ dir meinen Stich."
Wie wunderbar! Ja, so ist sie, unsere liebe Frau Selbstlos.
Reagiert stets gütig aufs Klagen von Jammerkloß.

Epilog:
Sie sind sich stets einig, könnten sich fast bewerben.
Denn: Perfekt verteilt sind ihre Rollen!
Und wenn dereinst an ihrem Ende sie dran sind zu sterben?
Tja, dann hat´s eben im Leben gerad so sein sollen.

Der Dackel

Ein Dackel auf vier Beinen,
die so krumm – man möchte weinen!
War auf dem Wege,
trotz guter Pflege,
zu seinem Freund, dem Boxer hin.

„Hei, Kumpel", grinst der Boxer borniert.
Seine Schnauze sieht aus wie frisch poliert.
Der Dackel sprach: „Ich möchte partout
statt krumm *gerad´* gehen – genau wie du!",
und blickte mit treuen Augen geniert.

„Tja, das ist nicht möglich",
sprach der Boxer. „Denn bezöglich
von Beinen, da kenn´ ich nicht einen,
der aus krumm etwas *gerad´* biegen könnt.
Ist so etwas nicht auch verpönt?

Was für mich leichter wäre?
Nun hör: Ich erkläre
dir Fakten und Sachen,
was *die Menschen* alles so machen.
Da weiß ich ´ne Menge zu berichten!"

So sprach der Boxer, später wand er sich ab.
Erst stolz im Schritt, dann locker im Trab.
Und dachte bei sich: Es ist doch immer gleich,
dass jeder fühlt Unglück, ob arm oder reich,
wer seine Chancen vergibt und sich ewig vergleicht!

Der Dackel aber trottet verzweifelt zurück.
Er ist überzeugt: Für ihn gibts kein Glück!
So verlässt er die Welt
als glückloser Held.
Krumme Wege wär er niemals gegangen!

„*Sie* wollen reiten lernen?!"

Der gehobene Reiter, ob Mann, ob Frau,
macht aus dem Reiten oft eine Schau.
Der Eleve, *er* ahnt nicht, was ihn erwartet:
Ein böses Spiel, das fast entartet.
Wenngleich *er* doch nur reiten lernen will.
Für den gehobenen Reiter – schon zu viel!

Kommt *er* in Jeans und Tennisschuhen,
hört man es vorn und hinten buhen.
Zieht *er* reitergerecht Hose, Stiefel, Kappe an,
geht jeder davon aus, dass *er* es kann.

Gehts aber nur recht,
sogar eher fast schlecht,
weil die Übung ja fehlt:
Der gehobene Reiter – schaut immer gequält!

Erst zu Boden,
dann nach oben,
flüstert der Reitersmann laut,
und fühlt sich dabei recht wohl in seiner Haut:

„Ach nee: Für Hunderte sich dressen
und dann doch den Sand gefressen!"
Na, das sind ihm die Richtigen,
dem Wichtigen!

Nun bringt der Eleve aber Geld herein,
und das braucht schließlich des Reiters Verein.
So nimmt man ihn mit
auf mancherlei Ritt.

Doch zeugen ihre Minen stets eindrucksvoll,
dass *er* sich nur ja nichts darauf einbilden soll.
Später – wieder unter sich –, da gibts was zu lachen.
Klein und zum ‚*Hanswurst*‘ wird man ihn dann machen.

Fazit:
Mit ‚*Möchtegerns*‘ und Tieren von Rasse
macht man klasse – Kasse!

Rätsel: Wer war das? *

Der stille Störenfried hat bei Nacht
mich erhellt und um den Schlaf gebracht.

Der Buchstaben 8 hat jener Herr.
Nicht mehr und – bitte – nicht weniger!

Wer das denn war, fragst du naiv?
Der mich so dreist schaute, während ich schlief?

Ich sag's dir nicht! Rate selbst und versuch es.
Sonst schlag nach – am Ende des Buches.

Schicksal eines Reims

Ein Reim ging einst auf Wanderschaft
durch die Landschaft
zu seiner Verwandtschaft,
'ner recht großen Mannschaft.

Man nahm ihn schnell in Sippenhaft,
beraubte ihn flugs seiner inneren Kraft.
Der Reim fühlt bald, dass er selbst nichts mehr schafft;
schwimmt weniger im eignen, wohl aber im fremden Saft.

Die Sache erscheint ihm schleierhaft
und wird ihm auch – ein wenig geisterhaft!
Entschlossen schließlich er seine Sachen rafft,
bevor sein *Innerstes* zu weit auseinanderklafft.

Dann versichert er glaubhaft
der ganzen Gesellschaft,
dass ihre Herrschaft
ihn mal könnt, bevor er dahinrafft!

Epilog:
Ihr denkt, sein Wandern war nutzlos? Oh nein!
„Hoffentlich bald wieder zu Hause und endlich allein."
So dachte zufrieden und glücklich der Reim
– und kehrte heim!

Dunkle Gesellen

„Ich geh mal um die Ecke",
sprach die Zecke
und hüpfte von der Hecke
auf des Hundes Decke.

Da schwatzte der Floh:
„Ich ebenso!",
und hüpfte froh
auf des Hundes Po.

Die Zecke wuchs mächtig und wurde groß,
um später zu fallen – ihr Schicksal und Los.
Der Floh jedoch sprang munter weiter,
denn er ist kleiner – und gescheiter!

Ihre Spuren hinterlassen beide recht hart,
machen Ärger, treffen jeden auf ihre Art.
So bringt die Natur hervor, und auch hier,
wohin man schaut, mancherlei fieses Getier!

Fazit:
Zu all diesen dunklen Gesellen
möcht ich mich nicht hinstellen!

„Und was macht die Familie so?"
(Zwiegespräch)

„Nun: *Ich lass es mal krachen'*,
spricht immerzu unser Lachen.

„Und Glucksen?" „Will sich oft mucksen,
tut aber doch nur leise 'rum drucksen."

Währenddessen das Schmunzeln
malt diskret ein paar Runzeln.

„Und die Tristesse?" „Ist ewig im Stress!
Und daher heut und auch sonst gar nicht kess.

Ach ja: Grinsen kocht Linsen,
aber nicht in Marl-Sinsen."

„So, so. Und der Unangepasste?"

„Unser Seufzer? Der ist nach Venedig.
Er musste zur Brücke!"

Ewiger Streit

//: Zwei Spatzen, nennen wir sie Pipps und Putter,
stritten sich, wie üblich, ums körnige Futter.

Doch heut, da kam – Schwupps – in ihre Mitte
von rechts angeflogen, der dicke Dritte.

Schnappte sich frech ein Korn, das Letzte.
Na, dies war ja wohl – ‚*das Allerletzte*‘!

Und jetzt noch mal von vorn: \\

Kritik

Mancher Reim birgt Ungereimtes
und Ungereimtes ist gereimt;
mal clownesk, mal lyrisch schön,
zum Teil grotesk, zum Teil obszön.

Wer am Ende dann urteilt? Wer zuletzt kritisiert?
Meist laut der eine „Buh" schreit, der andre: „Gut recherchiert!"
Es allen recht zu machen ist mitnichten
in keinen Gedichten und Geschichten!

Fazit:
Handle für dich, was dein Spiegel dir spricht.
Mal heißt es: „Tu es!" und mal: „Tu es nicht!"

Geschlossene Gesellschaft

Die Familie, einst ein Hort der Seligkeit,
lebte jahrelang ganz ohne Streit.
Geschwister und Eltern, sie liebten sich.
Bis einer dazu kam: Jetzt stritten sie sich!

Erst ums Essen, dann rund ums Verhalten,
und wie jeder solle sein Leben gestalten.
Doch letztlich wusste es keiner so ganz genau.
Leider hielten sich alle, weiß Gott, für zu schlau.

Dann, schon *vor* der Eltern Tod, ging es ums Erben.
„Natürlich erst dann, wenn sie irgendwann sterben."
Besitzstände wahren und Vorteil ergattern,
diese Familie: 'ne Schlangengrube voll giftiger Nattern!

Zwar wahrt man den Anstand nach außen hin,
ist bemüht um Verständigung; doch innen drin
gärt es abscheulich und macht alle hässlich zugleich.
Noch tut man recht freundlich, man wird ja bald reich!

Beim letzten Geleit verspricht man sich's „heilig und hoch".
Am Grab bereits Geflüster: „Wie lang dauert's denn noch?"
Endlich: Am Schluss dann, erleichtert, fast heiter,
hastig ohne Blick zurück, geht man schnell weiter.

Epilog:

Ab jetzt spielt jeder gegen jeden,
mit hochgezogenen Brauen;
wo einst man familiär tat,
herrscht ab sofort nur noch Grauen.

Es fragt, der von außen es sieht,
sich mit Abscheu beklommen:
„Wie konnte es bei *denen*
bloß nur so weit kommen?"

Subjektive Betrachtung nach der Familiengründung

Die Wohnung geputzt, zehn Fenster und zwei Mal Bad;
fünf Zimmer „sortiert". (Gedanke: Ich dreh´ am Rad!)
Einkaufen, Kochen, Essen, dann Geschirr eingeräumt.
Hobby? Wenn Zeit war, doch eher – versäumt!

Die Kids versorgt und – Schulzeit! Was für ´ne Nummer;
mit Hausaufgaben, Streitereien und Liebeskummer.
Den Partner umsorgt und die Eltern betreut,
Familie organisiert, keinen Besuch gescheut.

Haus mit Garten? Unabhängig sein?
Mit viel Nerven ertragen der Institutionen „Nein!"
Umzüge abgewickelt und Weltmeister im Packen;
geschleppt und hantiert – mit Schmerzen im Nacken.

Den Job gewuppt, nebenher Krankheiten kuriert,
Freundschaften gepflegt und sozial engagiert.
Ich hab was vergessen? Hiernach ist noch Platz.
Du kannst gerne ergänzen. Alles Liebe, Dein Schatz!

Alles klar! *
(Insidergedicht)

Reich an Erfahrung und an Jahren
schwingt sich P. auf seine H.D.
Lässig kommt er vorgefahren,
weil auf Tour zum nächsten Dreh.

Ahnungslos und munter red´ ich
von J. und seiner Y.
Er unterbricht: „Alles klar! Hat sich schon erledigt!"
Sprachs – und fuhr ohne mich davon.

Nachgedacht

Schau auf dich!
(„Eine Rose", aus der CD „Menschlein")

Keine Rose blüht wie eine andere,
jede Rose blüht für sich allein.
Und der Mensch? Er schaut gern in die Ferne,
möchte stets wie andere Rosen sein.

Keine Wolke formt sich wie die andere,
jede Wolke formt sich täglich neu.
Nur als Kind erweckst du aus ihr Bilder,
gibst ihr Sinn und Schönheit ohne Scheu.

Sieh die Vögel in die Lüfte steigen,
flieg mit ihnen himmelwärts hinauf.
Von deinen Träumen lass dich stets begleiten,
nimm sie mit in deinen Lebenslauf.

Und die Zeit, die du bis heut gelebt hast,
sie ist dein, doch kommt sie nie zurück.
Viel Schönes kann und wird sich noch ergeben,
nimm es an, die Zukunft fest im Blick!

Darum sage ich dir:
Schau auf dich, bleib ganz bei dir.
So wirst du auf Dauer
geliebt und – glücklich sein!

Die 8 Emotionen
oder: Was man so oft (nicht) spricht!

Ärger und Wut
„Dieses Unrecht, nicht zu fassen,
was jener Scharlatan *mir* angetan!
Unverzeihlich, ja, unglaublich!
Die Welt ist doch voll von Größenwahn!"

*

Angst
„Auf allen Kanälen,
in jedweden Sälen,
macht mir Angst, was die Leute so sagen.
Muss ich weiter mich quälen?
Darf meine Not ich erzählen?
Ach, kann denn keiner meine Verantwortung tragen?"

*

Ekel
„Diese Bilder im Fernseh´n,
ich kann nicht mehr hinseh´n!
Zum Kotzen die Armut,
und wie jeder jedem wehtut!"

Freude
„Von Freunden geschätzt, auf der Arbeit beliebt;
ich bin fast schon selig, dass mir dieses geschieht.
Ach, und so glücklich, dass man gern an mich denkt,
sogar Geld und Gesundheit – bin reich beschenkt!"

*

Liebe
„Ein wunderbares Gefühl, ich bin ja so verliebt!"
„So ging es mir einst auch, doch hab ich es versiebt!"
„Was, ohne Liebe gehst du durchs Leben?
Sieh zu, dass sich tut bald was Neues ergeben!"

*

Scham
„Wenn ich denke, wie ich *den* behandelt habe,
dann wird mir ganz schlecht!
Hoffentlich trifffts mich einst nicht selbst, denn ohne Frage,
wie ich hörte, kommt er *damit* nur sehr schlecht zurecht!"

Traurigkeit
„Die Einsamkeit, sie macht mich täglich fix und fertig.
Kein Mensch kommt mal vorbei, keiner fragt nach mir.
Um mich herum: nur Jammern und Klagen – allgegenwärtig!
Hab weder Mumm noch Freude, mir fehlt mein Lebenselixier.“

*

Überraschung
„Gibts doch nicht, das ist ja Wahnsinn!
Hätt ich von dir *niemals* gedacht!
Dass du es schaffst, mich so aus der Fassung zu bring´ n,
hat mich tatsächlich unglaublich angemacht!“

***

Soweit kommt´s noch!

„Soweit kommt´s noch, dass du es wagst!
Soweit kommt´s noch, dass du mir sagst:

Erstens: Was ich tun oder lassen soll.
Zweitens: Zu lieben jeden, sei´s in Dur oder Moll!

Soweit kommt´s noch, dass alle denken,
ich hätte Liebe zu verschenken!

Verschenken kann ich mir nicht leisten.
Soweit kommt´s noch!“, denken die Dreisten!

Fräulein Ungeduld

Fräulein Ungeduld trägt keine Schuld.
Sie muss rennen, sie muss jagen,
laufen, rasen, etwas wagen.
Um am Ende zu erringen
ein Ergebnis mit Gewinn.
Nein, Fräulein Ungeduld trägt keine Schuld.

Fräulein Ungeduld trägt etwas Schuld.
Durch ihr rasches Überlegen
kommt sie manchmal dem entgegen,
was wir Übermut und Eifer nennen.
„Aktionismus" heißt das Rennen,
und das hat zur Folge morgen – Sorgen!

Fräulein Ungeduld hat selten Schuld.
Obwohl permanent: Sie redet dazwischen!
Muss mal tönen, kann auch zischen.
Zwecks Übereifer kriegt keiner ´ne Schnitte.
Sie ist, wie sagt man, „Frau ohne Mitte".
Statt Gespräch – nur Monolog!

Fräulein Ungeduld findet überall Schuld.
Denn zu schnelle,
nur teilweise helle,
weiß sie immer,
was noch schlimmer
bald an Unheil kommen – *könnte*!

Fräulein Ungeduld: Nur du bist schuld
an der ruhelosen Welt mit ihrer Ungeduld!
Nicht rasten,
immer nur hasten;
überall und nirgends präsent,
damit jeder dich kennt!

Fazit:
Fräulein Ungeduld: Was könntest du brauchen zu deinem Glück?
Vielleicht eine Zäsur? Das wäre mein Tipp!
Kommst dann du zur Ruhe und schweigest mal still,
käme jeder gern zu dir, kann kommen, was will!

Gefühle sind wie Wolken

Gefühle sind wie Wolken!

Bei Sturm bauschen sie sich auf
zu gewaltigen Wolkentürmen;
bedrohlich ragen sie
am Horizont unserer Seele auf.
Sie toben und kämpfen,
erscheinen übermächtig
und bösartig wie wilde Tiere.

Der Regen – unsere Tränen,
der Wind – unsere Wut,
sie verbinden sich miteinander.
Schwarz und grausam erscheint die Welt
um uns herum.

Plötzlich und überraschend erscheint
der glühend farbige Streifen eines Regenbogens!
Unbemerkt hat sich hinter uns
das Wolkenband zerrissen
und gewährt der strahlenden Sonne – unserer Hoffnung –
mit einem winzigen Fleck blauen Himmels Durchlass.

Regen und Wind gehen einmal um den Block!

Verkannt

Was für ein Gelump und Gelichter,
diese *Schlaumeier-Denker* und *Wohlmeinen-Dichter*!

Wollen mir sagen, was ich glauben und tun soll!
Nehmen sie nicht selbst ihre Text-Münder *zu* voll?

Nicht belehren, sondern unterhalten,
nicht bekehren, nur den „Blick" gestalten;
auch will ich sein nicht elitär,
als wenn man weiß Gott etwas Besseres wär!

Gleichwohl:
Es gibt deren Dichter und Denker, da will ich nicht zanken,
bei denen mir gefallen, manch ihrer Gedanken.

Gott, ja, ich geb es nur ungern zu!
Etwa noch Fragen? Sonst lass mich in Ruh´!

Melancholie

Alles ist gut, so wunderbar und ruhig;
nichts, meine Seele, worum du dich sorgen müsstest.
Bleibe bei *dir* und nicht bei den anderen.
Verschenke deine Liebe an dich selbst,
genieße dein Leben!

Alles ist schön und gut,
wenn du es nur für schön und gut empfindest.
Der Regen ist nicht grau und trist,
wenn du es nicht so fühlst.
Denn dann lebst du verträglich, voller Eintracht und Harmonie.

Wie Herzschläge von Millionen von Menschen
hörst du die Tropfen niederfallen.
Du zündest ein Licht an und zeigst ihnen den Weg.
Die Kerze spendet dir Licht und –
mangels eines Menschen spürbaren Atem –,
sogar wärmende Nähe.
Alles um dich herum ist weich und gütig,
wenn du es so fühlen kannst.

Erkenne dich ob deiner wunden Seele
und fange an, sie zu verstehen.
Das Leben kann schön sein.
Du musst es nur noch spüren lernen.

Noch ist es für dich wie eine Folter,
und wie auf glühenden Kohlen
läufst du durch dein Leben.
Doch deine, jedem Menschen ureigene Melancholie,
sie wird zu einem See,
der alles brennende Feuer löscht.

Mit den Brandwunden musst du lernen zu leben!

Wenn Kinder feiern

Wenn Kinder feiern, dann sind sie:
fröhlich,
offen,
liebevoll,
ausgelassen,
spontan,
tolerant.

Wenn Kinder leiden, dann sind sie:
traurig,
verschlossen,
verzweifelt,
hartherzig,
rücksichtslos,
geizig mit ihren Gefühlen.

Du und ich, wir sollten sein wie glückliche Kinder.

Komm, lass uns das Leben feiern!

Erfahrung

Wie oft habe ich schon die Erfahrung gemacht,
dass mein *ungefragter Rat* mir nur Malheur gebracht.

Misch ich mich ein,
tu ich es meistens bereu´ n.

Erwarte ich Dank,
macht Enttäuschung mich „krank".

Denn: Oft will man nichts hören,
nur am Stören sich mal betören.

Ausweg:
Nenn ich den Rat „Idee",
tut´s allen weniger weh!

Ein Ende mit Schrecken

Das Knacken des Baumes geht mir durchs Herz,
die Säge am Stamm, sie macht keinen Scherz.
Beschlossen hat man in den letzten Tagen:
„Krank, nichts mehr zu machen, der wird umgeschlagen!"

Heut ist es so weit, ein letzter Blick,
neben mir auf der Straße hör ich ein „Klick".
Jemand macht Fotos. „Ein Schnappschuss soll's werden!"
Kein Sinn für meine Trauer momentan auf Erden.

Ein finales Rufen, plötzlich greller Schrei:
Da will doch tatsächlich noch ein Auto vorbei!
Gezwungen wird er, anzuhalten.
Es steigen heraus ein paar grobe Gestalten.

Jetzt und endlich, es gibt kein Erbarmen,
des Baumes Schicksal naht – des Armen!
Er muss und wird weichen ob der Trockenheit,
zu wenig Wasser gibt es weit und breit.

So ist er verdorrt inmitten der Menschheit,
die hier nicht aufgepasst, zu spät agiert hat aus Trägheit.
Mich durchzuckt's: Was wird man von mir dereinst sagen?
„Krank, nichts mehr zu machen, … !?"

Konsensfähig?

Möglicherweise ist für dich so ´ne Reise,
um Frust abzubauen und in die Ferne zu schauen
nur zweite Wahl.

Besser wär es, zu Hause zu bleiben.
Bequem magst du hier deine Zeit vertreiben,
ohne innere Qual.

Hier musst du dich nicht groß genieren,
gingest du im Suff mal auf allen vieren.
Eben fast normal.

Müsstest ansonsten ja dich diplomatisch
benehmen, fein und unbürokratisch.
Für dich glatt fatal!

Wie viel kritisch ist politisch?

Ich bin nicht politisch,
auch nicht sehr kritisch.
Möcht´ einfach nur „Ich" sein
und meiner Freiheit mich freu´ n.

Ist das nicht mehr möglich?
In welcher Gesellschaft denn leb ich?
Frag ich mich fast täglich
und find´s unerträglich!

So viel Unmut, Geschrei, so viel Blabla und Bohei.
Wir schwelgen im Luxus, sind wenig dankbar dabei.
„Sechs Richtige im Lotto" wollen alle haben,
dabei hat jeder WC und kann sogar baden!

Kaum auszuhalten das tägliche Gejammer:
„Zu wenig!", „Völlig unmöglich!" und „Ist ja der Hammer!"
Was macht den Menschen, ich frage mich dauernd,
so voller Anspruch und auf Vielfalt lauernd?
Rechthaberei und Neiddebatte,
Augenwischerei und satte Rabatte.
Sind das die neuen Werte der Menschheit und alles, was zählt?
Wird gelebt auf „Kosten der Anderen" und der „nächsten Welt"?

Verzeiht mir: Ich kann mich auf diese Debatten
nicht einlassen und meine Ideale verraten.
Ich sollte mehr aufschrei´n, doch ich bekenne:
Bin zu feige, als dass ich mit der Welt streite und flenne!

So werde ich bleiben, was am besten ich kann;
auch bei meinen Werten, bei meinen Kindern,
bei meinem Mann.
Im Stillen zu wirken, fast wie in Trance,
ums *eigne Gesichtsfeld*. Vielleicht meine Chance?

Auf der Suche nach einem Mann
(aus der CD „Menschlein")

1. Als ich jung war, war die Welt schön.
Ja, so schön!
Unbeschwert hab´ ich sie vor mir geseh´n.
Ach, so schön!
Und dann kam die Liebe in mein Leben hinein;
und es schwor mir der Liebste:
„Ich lass dich nie mehr allein!"

Refrain:
Ach, wie herrlich, ach, wie selig,
ich war zutiefst gerührt.
Glaubte ehrlich, mit großem Vertrauen,
grenzenlos an den Mann.
Ein paar Jahre, sie waren voll Glück,
als ginge es so weiter,
getrübt war mein Blick.
Dann die ersten Wolken, ein Sturm zog herauf.
Kalt erwischt vom Regen – und ich gab sehr schnell auf.
Ja, ja, … na ja!

2. Nach einer Zeit, die Trauer war lang.
Ja, so lang!
Wagte ich aufzusteh´n, mir war so bang.
Ach, so bang!
Doch ich ging wieder hinaus ins Leben hinein,
voll Neugier und Tatendrang.
Und wieder fand sich ein Mann, von Liebe er sprach:
„Ich lass dich nie mehr allein!"

3. So ging es fort, ein ums andere Mal.
Ja, so war´s!
Und jedes Mal schwor ich mir: „Nie wieder mehr!"
Ach, so war´s.
Doch ich spür, dass es da einen Menschen gibt,
einen Menschen zum Glücklichsein;
der mich hält und ehrlich mir sagt:
„Ich lass dich nie mehr allein!"

Schluss:
Ach, wie selig, ach, wie herrlich,
ich wäre zutiefst gerührt.
Denn ich glaube mit großem Vertrauen, ehrlich,
grenzenlos an mein Glück!

Ich gebe nicht auf, ich kämpfe dafür,
dass eines Tages, vor meiner Tür,
ein Mensch dort als Freund steht,
die Hände mir reicht.
Und dass ich weiß, es ist ehrlich gemeint!
Ja, ja ......

Ungleiche Liebe

SIE: Ich liebe dich und du liebst mich.
ER: Ich muss jetzt gehen!

SIE: Ich liebe dich und du liebst mich.
ER: Gleich kommt der Meyer und bezahlt seine
      Rechnung!

SIE: Ich liebe dich und du liebst mich.
ER: Was gibt es heute zu essen?

SIE: Ich liebe dich und du liebst mich.
ER: Komm, lass uns zu Bett gehen!

SIE: Ich liebe dich und du liebst mich.
SIE: Hallo, bist du noch da?

Träumen

Prall gefüllt wie eine Einkaufstüte,
voll mit der Ware „Gedanken".
Unsortiert fliegt alles im Kopf herum.

An einigen Ecken schadet es nicht.
Doch mancher Gedanke ist
erdrückt, gequetscht und ausgelaufen.

Und mir fällt ein, was ich verloren habe,
tief verschollen in der „Kopf-Tüte":
das Träumen!

Wie Schuppen fällt es mir von den Augen:
Träumen, ja träumen möcht´ ich wieder!

Ihr Träume, wo seid ihr hin?
Zeigt mir die Dinge, wie sie sein könnten.
Lasst mich weich sein,
nicht an den Ecken des Lebens mich stoßen müssen,
ohne von euch sanft aufgefangen zu werden.

Entspannung finden im Traum,
sich lieben, sich sehnen können –
und das Leben annehmen.

Weich und rund sein, liebevoll,
verströmen können meine Gunst und mein Herz.

Träumen von Liebe zu sich selbst,
träumen von Liebe zum eigenen Leben.

Ach Seele, gib Ruh´!
Bald geb ich dir das Träumen wieder.

Idee: Das Bild könnte als „Mandala" ausgemalt werden.

Tief gegrübelt

Vergebene Liebesmühe

„Du redest wie ein Wasserfall!",
so hast du zu mir einst gesprochen.
„Ich ertrinke in deinem Redeschwall!"
Da ist in mir etwas zerbrochen.

Beißende Sätze, sie brausen
im Strom vieler Worte dahin;
mit Gedanken voll wirbelnder Flausen
im freien Fall – und verletzend im Sinn.

Verstört, bestürzt, verunsichert,
gesenkt jetzt mein Haupt und Blick.
Wollt´ raten dir nur, hab mich geschert
um deine Gesundheit, Freude und Glück.

Fazit:
Wie wahrhaft dies Sprichwort, hab ich letztlich erkannt:
‚Reden kommt von Natur, Schweigen vom Verstand!'*
Zu reden mit dir „wie ein Wasserfall"?
Bestimmt – mit Verlaub – kein nächstes Mal!

Im Würgegriff der Zeit

Die Zeit, sie schleicht sich heran wie eine Schlange.
Lauernd beobachtet sie ihr Opfer,
wiegt es durch ihre starre Haltung in Sicherheit.

Leise züngelt es aus ihrem fast zahnlosen Maul,
ähnlich einer brennenden Lunte,
die an einem Dynamitfass angebracht ist.

Wenn die Stille am lautlosesten erscheint,
die Ruhe fast greifbar,
und das Opfer zu einem morschen Stück Holz verfallen,
dann ist die Zeit der Schlange gekommen!

Blitzschnell,
kaum nachvollziehbar,
bäumt sie sich auf,
drückt sich ab
und stößt zu!

Von einer Sekunde auf die andere
bricht über das Opfer
der Tod seinen Stab.

Angst

Am Anfang ist alles nur wahr,
rein und sauber und klar.
Ohne Schlamm und Dreck lebst du.
Noch atmest du ruhig, nur zu!

Koste sie aus, die Zeit der Jungfräulichkeit.

Denn schon bald fängt es an zu spucken,
zu giften, zu schlachten und zu gucken,
geifernder Atem dich umweht,
keiner mehr, der dich versteht!

Vorbei geht sie, die Zeit der Jungfräulichkeit.

Du willst dich winden, willst dich entsetzen,
schreien, toben, dich zerfetzen.
Und doch umsonst: Die Klauen greifen härter,
die Bestie mit dem Namen „*Angst*" ist stärker.

Sie packt dich – und schnürt dir die Kehle zu!

Schicksal

Manchmal spielt sich im Leben jahrelang nichts ab:
- langweilig
- einschläfernd
- ziellos.

Doch plötzlich bricht perfide
das Schicksal über den Menschen herein!

Wie eine sich aufbäumende dunkle Welle,
die beängstigend langsam,
doch unermüdlich sich ihren Weg zu den Felsen bahnt,
um dann an den scharfen Klippen berstend
und in tosender Gischt zerschlagen zu werden.

Für das bloße Auge fast unsichtbar wälzt sich bereits die nächste
unheilvolle Woge heran.
Sie erhebt sich langsam, mächtig drohend
und strotzend vor Kraft,
nur um sich erneut mit voller Wucht
auf die in stummer, gleichmütiger und devoter Erwartung
stehenden Steinklippen zu werfen.

Und es entsteht der unsinnige Wunsch, dass es wieder so wird,
wie es mal war:
- langweilig
- einschläfernd
- ziellos.

Derweil *das Schicksal* erneut Anlauf nimmt …

Tod oder Leben?

Ich frage mich:
Willst du immer nur für andere sein?

Mein „Sein":
Wo finde ich dich?
Meiner Seele Liebe:
Beachte auch dich!

Hin Gedanke – feurig, leidend.
Her Gedanke – kühl, berechnend.

Dies Hin und Her im schnellen Wechsel,
es macht mich schwindelig.

O süßer, schrecklicher Tod: Du darfst nicht sein!

Der Dämon

Ich weiß nicht, wie mir zumute ist.
So ganz anders, als es wohl sein sollte.
Neben mir, da steht wer,
dunkel und böse: ein Schatten, mein Dämon?

Er raubt mir mein Leben.
„Normal soll es eben sein!",
höre ich, wenn ich frage,
wie Leben denn sein kann.

Ich kann mich nicht finden,
bin zerrissen in zwei Teile.
„Warte ´ne Weile!",
so wird mir gesagt.

Tagein, tagaus:
Mal bin ich es selbst, mal stehe ich neben mir.
Wo ist der Riegel vor meinen Dämon?
Wenn er mich doch nur immer nicht erschreckte.
„Lass mich *sein*, lass mich „*Ich*" sein!"

Vertreiben will er mich aus meinem Innern.
Der Dämon will leben – als mein „*zweites Ich*".
„Lass deinen Dämon nicht selbstständig werden.
Pass auf dein „*Ich*" auf!", höre ich mich schreien.

Jeder neue Tag – der ganz normale Wahnsinn!

„Es"

Es ist etwas zwischen den Menschen,
ich weiß nicht, was.
Es zerfrisst ihnen die Seele,
ich weiß nicht, wie.

Aufreibende Schlachten werden geführt
auf den Feldern des Seins.
Und ich weiß nicht, warum.
Für einen Sieg des Herzens?

Hass und Verzweiflung –
oder doch Liebe und Trost?
Es lässt mich überleben,
der Glaube an Letztere!

Talente

Wo sind sie geblieben,
die Talente vergangener Tage?
Wo sind sie geblieben?
Umsonst die Frage.

Denn ich weiß nicht, wo.
Und das Jahr verrinnt,
ohne dass sie mir wiederkommen.

Verzweifelt suche ich sie zu finden,
die Schönheiten vergangener Tage.
Erlebnisse, Begegnungen – sie lösen sich auf
im Nebel der Erinnerungen.

O Herz, du wirst mir schwer und schwerer,
kaum weiß ich es zu ertragen.
Fragen, Fragen, nochmals Fragen!
Und die Antworten? Ich find sie nicht mehr.

Talente, wo seid ihr?
Wart ihr überhaupt gewesen?
Da war was, ich weiß es.
Jetzt gibt´s sie nicht mehr.

Sie sind vergraben
ganz unten tief drin;
nicht zu ertragen,
weil vergessen ihr Sinn.

Doch drängt´s mich, meine Talente zu finden,
sonst kostet es mein Leben.
Kunst und Arbeit ist, sie zu ergründen.
Denn letztlich undenkbar: Mich zu ergeben!

Das kleine Menschlein
(aus der CD „Menschlein")

Refrain:
Das kleine Menschlein von heute hat´s nicht leicht,
es woll´n so viele andere ihn belehren.
Doch alles Reden derer hilft nicht viel,
weil der Mensch was Eignes machen will!

Strophen:
1. Erst kommt die Schule, dann das Studium;
er müsste noch mehr lernen,
doch die Zeit, sie ist schnell um.
Der kleine Mensch wird ausgelacht:
„Haben wir´s uns doch gleich gedacht!"

2. Es folgt die erste Stelle und er schuftet rund um die Uhr.
Doch bleibt er auf der Strecke,
denn man will den Besten nur!
Der kleine Mensch wird ausgelacht:
„Haben wir´s uns doch gleich gedacht!"

3. Es folgt die große Liebe und kein Weg ist ihm zu weit.
Doch trotz der größten Mühe
endet sie im Streit!
Der kleine Mensch wird ausgelacht:
„Haben wir´s uns doch gleich gedacht!"

4. In seinen letzten Stunden, da bleiben sie alle stumm.
Es fehlen ihnen die Worte,
doch nimmt´s der Mensch nicht krumm.
Nein, jetzt ist er es selbst, vom Himmel er lacht:
„Hab ich´s mir doch gleich gedacht!"

Mit Worten gespielt

‚Humor ist, wenn man trotzdem lacht!'
(Zitat von Otto Julius Bierbaum, 1865 - 1910)

Wie sagte einst ein Denker um 8:
‚Humor ist, wenn man trotzdem lacht!'

Drum gib fein acht,
dass nicht über Nacht,
was du so gedacht,
nur unnütze Sorgen dir macht.

Am Ende sonst wäre, so mein Verdacht,
vielleicht ein andrer, der über dich lacht?

Alternative:
Ein Lauch – tut´s auch!

Verlorene Beziehung

Gemeinsam!
Ge-MEIN-sam,
EIN-sam,
gemeinsam einsam!
GE(H) – Mein!
Gemein!

*

Umgangsform

Um klug die „Gangs" in Form zu bringen,
sollt´ früh dem Youngster im Ohr erklingen:
Was man tut oder besser lässt,
respektierliches Verhalten wird immer geschätzt!

*

Irre

Deine Worte in meinem Ohr – nur Geklirre!
Deine Gedanken in meinem Hirn – so wirre!
Wie? Du fragst: *Wer* ist hier irre?
Du machst mich kirre!

*

Zeitgeister

Drinnen sitzen Schicki und Micki,
draußen hausen manch Banausen.
Jahre zuvor waren alle mal „Hippie",
doch Zeit, Macht und Geld reguliert manche Flausen.

*

Nicht zu verhindern?

Oft wird verspottet und verlacht,
wenn einer mal laut nachgedacht.

Doch wird belichtet und manchmal vernichtet,
wo still die Wahrheit richtet!

*

Was Namen verraten

Was Anke alles kann:
Bei Banken Geld tanken,
auf schlanken Bootsplanken wanken,
durch Gedanken sich ranken,
mit Kranken sich zanken
– und noch vieles mehr!

Die Inge kann:
Singen bei Bingen,
die Klingen schwingen,
sich ringeln und wringen,
sich Dinge erzwingen
– und noch vieles mehr!

Und Rolf?
Nur Golf!

Kling klang Glockenschlag

Kling klang Glockenschlag!
Ob ich wag
den nächsten Tag?
Schlag auf Schlag,
auch wenn ich nicht mag,
vergeht Tag um Tag
bis zum „*Jüngsten Tag*"!

Kling klang Glockenschlag!
Ich hör ihn schon.
Es ist ein Hohn
für Mutters Sohn.
Als letzte Wohn´:
Statt Himmelsthron
gibt´s Höllenlohn!

Kling klang Glockengeläut!
Drum sag ich euch heut:
Dass jeder bereut,
wenn ihr mit Leut
euch nur gefreut.
Und ums Leid keinen Deut
geschert habt, *ihr Meute*!

Gedanken bei Nacht

Liebe, Gesundheit, Freiheit: „LieGe Frei"!
Sind das nicht WERTvolle Grundpfeiler unseres Daseins?

Der Mensch, der dies alles zur Verfügung hat:
Warum pflegt und WERTschätzt er „LieGe Frei" nicht?

Bei Wellness, im Urlaub und am Strand, ist „LieGeFrei" das ge-
schätzte Ziel.
Warum nicht auch an jedem Tag seines Lebens?

Und was macht der Mensch, der keine „LieGe Frei" hat?
Sondern nur Einsamkeit, Krankheit, Angst: „Ein KrAn"?

Ich frage mich:
Was fängt der Mensch mit einem Kran an?
Wäre denn eine freie Liege nicht komfortabler?

Und für uns alle sogar preisWERTEr?

Freche Zwei-Zeiler

Bist du erpicht auf ein Gedicht?
Ich immer nur Sonntags – und sonst nicht!

„Stets" und „Ständig"
sind Frauen inwendig!

Im Frühling bei der Balz
– da knallt´s!

Bunt, rund und kerngesund,
und zum Glück – kein Gedächtnisschwund!

Dem Kabeljau, ach, ihm ist flau!
Er schwimmt im Dreck, die arme Sau!

Wo rechte Gedanken es hagelt,
sind alle Köpfe – vernagelt!

„Im Suppentopf, da schwimmt ein Tropf!"
„Na, der kriegt auch noch sein Fett weg!"

Ich stehe nicht *zu*,
aber wenigstens *mit* meinem Gewicht!

Ich glaub, mir ist dick.
Ist das nicht schick?!

Jetzt oder nie oder etwas später,
wohl oder übel – Übeltäter!

Wenn deine Liebe zünden soll,
sieh zu, dass der Funke auch überspringt!

Müßiggang ist aller Lust Anfang!
PS: Mit „Laster" steht´s im Anhang. *

Freundlichkeit ist eine Zier,
dazu *allzu viel* – das schadet mir!

„Der Konjunktiv schaffte mich, lieber Karl!"
„Ja, so ein Tief – das hatte ich auch mal!"

„Nimm dich selbst nicht immer so wichtig!"
Ich dachte nach – und fand es richtig.

Zeitweilig ist brandeilig kurzweilig.
Scheinheilig ist gegenteilig – nachteilig!

„Verkaufen, mon ami", sprach der, der wusste, wie,
„geht nur mit USP* – also in der Regel: Mit SIE!"

Sprich „Tacheles" und du wirst wissen,
wer hernach dir noch Freund – und wer besch.....!

Was Silber und Gold, das ist bekannt. *
„Aktives Zuhören" jedoch – der Diamant!

Summa summarum: Es hat mich gefreut.
Nehm kein Wort zurück – nichts, was mich gereut´!

Kurz und bündig

Zurechtgerückt

Die dicke Taube auf dem Ast,
von den einen geliebt, von den andren gehasst,
sie gurrt mir zu: „Verrückt bist du!"
Verrückt bin *ich* noch lange nicht,
verrückt ist nur – dieses Gedicht!

*

Ungleich

Der Pessimist findet „tragisch" magisch.
und wird schließlich ganz verdrießlich.
Der Optimist kann unterdessen – auch mal vergessen!

*

Getier

Eine Wanze fand ich heute.
Gott, was war das ′ne „fette Beute".
Nicht für mich als Mensch, wo denkst du hin.
Nee: Als Amsel, die ich bin!

Gewagt

Auf dem festlich geschmückten „Tanz in den Mai"
stand hinten im Eck noch ein kleiner Tisch frei.
Kaum setz ich mich hin und schau geradeaus,
da kommt Erich und fragt „Na, wie wär´s kleine Maus?"
Ich gestehe, da war ich so frei!

*

Mors certa*

„*Mors certa, hores incerta*!
Ach, immer das alte Lied!"
Dies hörte die Batterie in der Uhr von uns´ Berta.
Erschrak drauf zu Tode und – verschied!

*

Schön wär´s!

Beifall braust auf links neben mir,
ich fahr an ihm vorbei.
Grüße hold aus dem Fenster, nicht ohne Stolz!
Doch wundert´s mich: Wofür?
Ich blicke auf und ihr lacht schon voller Hohn.
Was mir so schmeichelte? Nur der „Klatsch(e)-Mohn"!

Oh je!

Auf einem bunten Blümchen saß
ein mir fremdes Ungetümchen und fraß –
eine Laus.
Ei der Daus!
Das war kein Spaß!

*

Selbst schuld!

Ein Künstler lebt doch von „Luft und Liebe",
wofür braucht er dann noch Geld?
Wären gezähmt einst die irren Triebe,
statt magerer Gage – heut „Mensch von Welt!"

*

Irritation

„Oberflächlich"
nenn mich tatsächlich,
wenn, statt zu jammern,
ich einfach nur glücklich bin.
Oder?
Darüber muss ich nachdenken …

Prophetisch

Es gilt der Prophet im eigenen Land
gar wenig; kaum wird es anerkannt,
was klug er für andre denkt und spricht.
Zuhaus´ kein Dank! Doch mir ein Rätsel nicht:
Weil´s schon bei ‚*Markus*´ * beschrieben stand!

*

Großer Plan

Ein Frosch schwamm ´rüber über den großen Teich,
gedachte zu werden berühmt und reich.
Doch kam er bloß bis Dover,
dann gab er auf: „All over!"
Was soll ich sagen: Ich dacht es mir gleich!

*

Dunkle Mächte

Anderer Leut Habgier und böser Neid
uns wohl schändlich erscheint und wenig erfreut.
Doch hat dunkle Macht,
kurz mal nachgedacht,
nicht auch dich schon bitter gereut?

Schöne Feste, liebe Gäste!

„Weihnachten"

Himmlische Zeit

Er kommt ganz leis gegangen
und will, dass wir ihn lieb empfangen:
Den Retter der Welt, so klein noch und zart;
jenes Kind, das Maria gewickelt hat.

Mit Glanz in den Augen und Lichtern am Baum,
wagen wir kaum, es anzuschau´n.
Das Wunder der Weihnacht, jeder feiert es froh;
ob Osten, ob Westen, fast alle Welt macht es so.

Für Frieden und Freiheit soll´n unsere Lieder erschallen,
in festlich geschmückten Zimmern und heiligen Hallen.
Und denkt mit Liebe auch an die Menschen weit und breit,
in dieser heiligen, himmlischen Zeit!

„Karneval"

Die fünfte Jahreszeit (nicht nur in Köln!)

Am Tulpensonntag geht es in „Veedeln"
mit bunten Umzügen los.
Am Rosenmontag gibt´s schulfrei,
da feiert man richtig grandios.
Am Veilchendienstag ziehen fröhlich
die letzten Narren und Wagen,
und Aschermittwoch, für viele untröstlich,
da wird „dä Nubbel" zu Grabe getragen.

Denn dann kommt, wie traurig, die Fastenzeit;
und Asche aufs Haupt wegen der Vergänglichkeit.
Vierzig Tage und Nächte: „Der Kühlschrank bleibt leer!"
So sollte es sein, doch diese Aufgabe wiegt schwer.

Drum freut euch ihr Clowns
und was sonst noch ihr seid.
Genießt und feiert
die fünfte Jahreszeit.
So schnell geht die Chance der Verkleidung vorbei.
Erst an Ostern, eventuell,
gibt´s wieder ein paar Tage dafür frei!

„Ostern"

Wer suchet, der findet!

Zu Ostern kann es vielerorts passieren,
dass Groß und Klein durch Wald und Flur marschieren;
welche eifrig schau´n und prüfend suchen,
mal hinter Tannen, mal hinter Buchen.

Wo hat nur der „Hase" – recht schön bemalt,
und vor Wochen bereits dem Huhn bezahlt –,
all die Eier, die vielen bunten,
geschickt versteckt? Mal oben, mal unten?

„Schaut, da steht was im Gebüsch,
ein Osterhase, ganz aus Plüsch!"
Die Eltern schicken die Kinder vor,
doch kommt dies den Kleinen „spanisch" vor.

Man ist recht sauer, es gibt Geschrei:
„Wir Kinder wollten doch – ein Osterei;
aus Schokolade und nicht aus Plüsch!"
Jetzt liegt der Hase im Gebüsch!

Fazit:
Die Wünsche von Kindern gilt es zu achten,
will man Ostern mit Freude betrachten!

„Geburtstag"

Ständchen (aus der CD: „Menschlein")

Meine ganze Liebe gehört nur dir allein!
//: Und an diesem Tage – will ich bei dir sein! :\\

So lass mich heut für dich singen,
an deinem Ehrentag!
//: Die Blumen, die ich dir schenke,
sie blühen, wie du sie magst. :\\

Allen hast du geholfen,
warst immer für sie da;
//: in vielen schweren Stunden,
deinen Freunden immer nah! :\\

Drum lass uns nun mit dir feiern
und glaube fest daran,
//: dass alles, was dir heut geschieht,
nur Glück bedeuten kann! :\\

Und alles, was dir lieb ist,
denk auch in Zukunft dran:
Bewahr es in deinem Herzen,
damit es dortbleiben kann.
Bewahr es in deinem Herzen,
damit es dort auch *Bestand* haben kann!

Schluss

Tief bis heiter die Gedanken gewendet,
bis ich schlussendlich dies Büchlein beendet.
Doch die „Reise des Lebens", sie endet hier nicht.
Schau'n wir mal, ob der Weg hält,
was er verspricht!

Nachwort

Wenn Sie, liebe Leserin, lieber Leser, bis hierher durchgehalten haben, so sind bereits neue Texte am heimischen Schreibtisch entstanden. Einmal angefangen, fällt es tatsächlich schwer, wieder aufzuhören!

Alle Illustrationen sind entstanden durch die Hand von Carlotta Reinders, bei der ich mich herzlich bedanke. Die kreative und zuverlässige Zusammenarbeit mit ihr war für mich eine große Freude und kreative Bereicherung!

Herzlichen Dank gilt auch meinem Mann, meiner Familie sowie allen meinen Freunden und Wegbegleitern, die mich bis hierher unterstützt, kritisiert, ermuntert, mit mir geweint und gelacht haben.

Eines ist sicher: Das Leben wäre weniger bunt und wesentlich härter ohne euch gewesen!

Übrigens: Die CD „*Menschlein*", mit eigenen Texten, Gesang und Gitarre von 2006, ist bei Interesse auf Anfrage unter ah@simplygood.de erhältlich.

Anhang

* Seite 16   Der Vollmond war´s!

* Seite 58   Original:
              ,Müßiggang ist aller Laster Anfang!´,

* Seite 60   Übersetzung:
              ,Der Tod ist sicher, die Stunde ungewiss!´

* Seite 72   Original, deutsches Sprichwort:
              ,Reden ist Silber, Schweigen ist Gold!´

* Seite 77   USP „unique selling proposition",
              Begriff aus dem Marketing:
              „Alleinstellungsmerkmal"

* Seite 87   Für Motorradfans:
              HD = Harley Davidson; Y = Yamaha

* Seite 90   Deutsches Sprichwort:
              ,Reden kommt von Natur,
              Schweigen vom Verstand!´
              Quelle: www.aphorismen.de

* Seite 100   Gedanke aus dem *„Markus-Evangelium, 6.1-6"*

Anmerkung

Alle Illustrationen sind von Carlotta Reinders.